L'AUTRICHIENNE

EN GOGUETTES,

OU

L'ORGIE ROYALE.

Opéra proverbe.

Veni, vidi.

Composé par un Garde-du-Corps, & publié depuis la liberté de la Presse ; & mis en musique par la reine. [*]

(*) La Reine, éleve de feu Sacchini, et protectrice de tout ce qui est compositeur ultramontain, a la ferme persuasion qu'elle est bonne musicienne, parce qu'elle estropie quelques sonnates sur son clavessin, et qu'elle chante faux dans les concerts qu'elle donne in petto, et où elle a soin de ne laisser entrer que de vils adulateurs. Quant à Louis-XVI, on peut se faire une idée de son goût pour l'harmonie, en apprenant que les sons discordans et insupportables de deux flambeaux d'argent frottés avec force sur une table de marbre, ont des attraits pour son oreille anti-musicale.

1 7 8 9.

PERSONNAGES.

L O U I S XVI.
L A R E I N E.
L E C O M T E D'A R T O I S.
L A D U C H E S S E D E P O L I G N A C.
Gardes - du - Corps.

La Scene se passe dans les petits appar-
temens.

SCENE PREMIERE.

Chœur de Gardes-du-Corps, *buvant.*

Varions nos plaisirs,
entre Bacchus & le Dieu de la Tonne ;
l'exemple qu'ici l'on nous donne,
augmente nos desirs.

Un Garde.

Aux armes, voici Sa Majesté.

Un autre Garde.

Il y aura orgie cette nuit, la Gani-
mède femelle est avec la Reine.

Un autre garde.

Et d'Artois le bien-aimé, le voilà entre
le vice & la vertu. Devine quel est le
vice.

Un garde.

Il n'y a pas à deviner ; je vois seule-
ment que ce Dieu se multiplie.

SCENE II.

*Le Comte d'Artois, la reine, Madame
de Polignac.*

LA REINE, *à Madame de
Polignac qui se range pour la laisser
passer.*

Entre, entre donc, ma bonne.

LE Cte. D'ARTOIS, *poussant légèrement la Reine parderriere, en
lui prenant les fesses.*

Entrez donc aussi. (*à l'oreille de la
Reine*), ah! quel cu! qu'il est ferme
& élastique!

LA REINE, *bas au Comte
d'Artois.*

Si j'avais le cœur aussi dur, nous ne
serions pas si bien ensemble?

LE Cte. D'ARTOIS.

Taisez-vous, folle, ou je donne encore ce soir un nouveau fils à mon frere.

LA REINE.

Oh ! non. cueillons les fleurs du plaisir, mais n'y mêlons plus de fruits.

LE Cte. D'ARTOIS.

Soit. Je serai prudent, si je puis.

LA REINE.

Asseyons-nous.

Mad. DE POLIGNAC.

Où donc est le Roi ?

LA REINE.

De quoi vous inquiettez-vous ? Il
viendra assez tôt pour nous ennuyer.

TRIO.

*La reine, le Comte d'Artois, Madame
de Polignac.*

LA REINE

Quand je vois autour de moi
le Plaisir, l'amour & les Graces ;

me fixer sur leurs traces,
c'eft du bonheur suivre la loi.

Le Cte. d'Artois, *à la Reine.*

O bien suprême!
Je suis près de ce que j'aime;
Mon cœur navré de plaisirs,
Ne forme plus de desirs.

Mad. DE POLIGNAC.

Aimable Princesse,
pour moi quelle allégresse,
lorsque je puis à tous momens
plonger vos sens
dans la plus douce ivresse!

Ensemble

Quand je vois autour de moi
le plaisir, l'amour & les Graces;
me fixer sur leurs traces,
c'eft du bonheur suivre la loi.

MADAME DE POLIGNAC.

Voilà le Roi.

SCENE III.

Les mêmes. LOUIS XVI.

LA REINE, *minaudant.*

Combien vous nous faites attendre !
Qui a pu vous retenir ?

LOUIS.

J'étois occupé à terminer une serrure
dont je suis très-content.

LA REINE.

Vous devez être fatigué ! Buvez un
grand verre de ce champagne mousseux.

LOUIS.

Volontiers. *Il boit.*

LA REINE.

Vous ne redoublez pas ?

LOUIS.

Non. Je veux être sobre ce soir, il
faut que je sois demain de bonne heure
à mon Conseil. Des sens assoupis ne
laissent pas à la tête cette faculté dont
elle a besoin pour juger sainement.

LA REINE.

Pourvu que vous siégiez, c'eſt tout
ce qu'il faut. Votre Conseil fera, comme
de coutume, à sa fantaisie.

LOUIS.

Il eſt vrai que j'ai beau vouloir le
bien, ces Messieurs s'arrangent de fa-
çon qu'ils me font toujours faire quelques
sottises.

LA REINE.

C'eſt encore assez bon *pour les gre-
nouilles de la Seine.* *

QUATUOR.

LA REINE.

Rions, faisons bombance,
Profitons de notre puissance;
Dissipons tous les biens
Des bons Parisiens.

Ensemble.

Rions, faisons bombance,
Profitons de notre puissance;

---

* Expression familiere de la Reine pour désigner
les Habitans de Paris.

Dissipons

Dissipons tous les biens
Des bons Parisiens.

Le Roi, qui a vuidé sa bouteille et les trois quarts d'une seconde, s'endort la tête appuyée sur la table.

MADAME DE POLIGNAC.

Les Gardes sont retirés, le Roi dort.

LE COMTE D'ARTOIS.

Voilà ce qu'on peut appeller un frere complaisant, et un sceptre bien aviné.

LA REINE.

Laissons-le faire son somme, et pro-fitons-en.

Le Comte d'Artois, prenant un baiser sur la bouche de la Reine.

Bien dit.

Tous trois se levent de table. La Reine va s'asseoir sur un canapé.

LA REINE, *s'étendant.*

Ah ! qu'on est bien ici !

LE Cte. D'ARTOIS, *passant la main sous la jupe de la Reine, et établissant son doigt medius sur la partie royale.*

Eh ! qu'on est encore bien mieux là !

B

LA REINE, *au Comte d'Artois qui donne à son doigt un mouvement plus, ou moins précipité.*

Ah? ah!.... laisse donc, d'Artois, tu me fais pâmer.

MADAME DE POLIGNAC.

Comment, M. le Comte, vous anticipez sur mes droits? Cela est affreux! je ne vais point sur les vôtres, moi.

LE Cte. D'ARTOIS, *que l'action qu'il vient de faire a mis dans un brillant état.*

Je le pense bien; il vous faudrait pour cela un pareil argument.

Il expose alors aux regards des deux Dames le régénérateur de l'espèce humaine.

LA REINE, *les yeux animés, & la gorge palpitante.*

Eh! qu'il est beau cet argument! qu'en dis-tu Polignac?

POLIGNAC.

Il serait injuste de ne pas être de votre avis.

LE Cte. D'ARTOIS *plaçant une jambe entre les genoux de la Reine.*

Permettez-moi donc de pousser cet argument.

DUO *dialogué.*

LA REINE.

Non , laisse moi, mon ami ;
Doucement cet effort me blesse.

LE Cte. D'ARTOIS.

Pardonne à mon yvresse ;
Ce n'est pas à demi,
Que je veux prouver ma tendresse.

LE Cte. D'ARTOIS.	LA REINE.
Ce n'est pas à demi Que je veux prouver ma tendresse.	Laisse moi, mon ami, Doucement, cet effort me blesse.

LA REINE.

Contrains l'excès de tes desirs ,
Quand le bonheur nous rassemble
Et noyons-nous ensemble
Dans des flots de plaisirs.

LA REINE.

Va bien.

D'ARTOIS.

Ah ! tiens...

LA REINE.

Va vite...
Voluptueux moment !

D'ARTOIS.

Ah ! comme tu l'agittes !
Quel heureux mouvement !

LA REINE.

Ah ! Ah ! va bien... bon.... je me
pâme !

D'ARTOIS.

Tu vas recevoir mon âme.

Ensemble.

En cet instant plein de douceur,
Vuidons la coupe du bonheur.

*Il se fait un moment de silence pendant
lequel Madame de Polignac contem-
ple l'heureux couple, & dit, ensuite.*

POLIGNAC.

Vous me laissez-là dans une belle situation ! heureusement que, tandis que
vous occupiez bien votre temps, je te-

nais d'une main *le Portier des Chartreux*, & de l'autre je ne restais pas oisive.

LA REINE, *au Comte d'Artois.*

Ah ! mon cher Comte, que ta jouissance est délicieuse! tu m'as mise tout hors de moi.... je savoure encore le plaisir que tu viens de me faire goûter.

D'ARTOIS.

J'espère bien que mon Priape n'en restera pas-là. *Montrant cet instrument encore plein de vigueur.* Vous le voyez prêt à courir une nouvelle carriere.

POLIGNAC.

Le bon Monarque vous en laisse le loisir ; il ronfle comme un Templier.

LA REINE.

Parbleu ! son profond sommeil me fait naître une folie.

D'ARTOIS.

Quelle est-elle?

LA REINE.

Il faut qu'il aide à nos ébats. La pos-
ture est favorable à mon dessein. Je ris
d'avance de mon idée.

D'ARTOIS.

Exécutons-la promptement.

LA REINE.

Oh! oui, je n'y peux plus tenir.....
Plaçons-nous ainsi. (*La Reine fait ap-
procher deux tabourets aux deux côtés
du dos du roi. Madame de Polignac
s'assiéd sur le dos de Louis XVI, et en
écartant les jambes, pose chacun de ses
pieds sur un tabouret. Antoinette s'a-
vance dans les bras de Polignac qu'elle
embrasse étroitement, tandis que sa lan-
gue cherche et joue avec celle de la Confidente. Elle présente parconséquent au
Comte d'Artois la plus belle croupe du
monde, en lui disant*):

Toi, Comte, tu vois quel chemin
il te reste à prendre.

D'ARTOIS.

Et j'y marche sans différer. (*Il lève*

un léger jupon de linon, découvre deux fesses blanches comme la neige, et écartant d'une main furtive la route de la volupté, il lance la fléche de l'amour dans le temple de la félicité. Pendant que les langues femelles s'agitent, que les secousses des reins élastiques cherchent de nouveaux plaisirs, la Confidente introduit un doigt léger sur le portique du Temple dans lequel le Comte s'introduit par une voie detournée.

LA REINE.

Ce pauvre Monarque! je suis certaine que s'il s'éveillait maintenant, je lui ferais accroire qu'il se trompe. Il me coûte si peu pour lui persuader ce que je veux. (*Au Comte d'Artois qui va toujours son trein*). Arrête un instant, *à la Duchesse*, & toi aussi Polignac ; que je rie un moment du tableau que nous formons. Il faut qu'on ajoute ce nouveau grouppe aux postures de l'arrétain.... Ah! (*la voix manque à la lubrique Antoinette, et un silence voluptueux succede à la plaisanterie*).

Mais un Garde du corps qui voyait

tout à travers la porte se promit de mettre cette situation *Proverbe-Opera*, dont le mot serait :

Dimmi con chi tu vai, e sapero qual che fai.

Et il écrivit le Quatrain suivant, que lui inspira l'aspect de cette scène.

QUATRAIN.

„ Sur le dos d'un Monarque humain
„ Je vois la mère des vices
„ Plonger dans d'affreuses délices
„ Un Prince polisson, une Reine catin „